Stefan Kayser

Wohlgeformtes XML - kurz und bündig

I0013791

Stefan Kayser

# Wohlgeformtes XML - kurz und bündig

GRIN Verlag

Bibliografische Information der Deutschen Nationalbibliothek: Die Deutsche Bibliothek
verzeichnet diese Publikation in der Deutschen Nationalbibliografie; detaillierte bibliografische Daten sind im Internet über http://dnb.d-nb.de/ abrufbar.


1. Auflage 2004
Copyright © 2004 GRIN Verlag
http://www.grin.com/
Druck und Bindung: Books on Demand GmbH, Norderstedt Germany
ISBN 978-3-638-64905-6

Stefan Kayser

# Wohlgeformtes XML
# Kurz und bündig

**Version 1.3**
**März 2004**

**Der Verfasser**
Stefan Kayser ist selbständiger Dozent und Berater.
Seit über 15 Jahren hat er Erfahrung in der Vorbereitung und Durchführung von Schulungen.
Zuletzt hatte er in einer Consulting als Dozent und Analyst in den Bereichen Webentwicklung, Programmierung, SAP uvm. gearbeitet. Ein Schwerpunkt seiner Arbeit ist seitdem XML.
Kontakt: info@kayser-schulung.de

# Wohlgeformtes XML – kurz und bündig

## *Inhalt*

# 1 Einleitung

## 1.1 Zu diesem Text

XML ist ein unabhängiges Datenformat, das sich in rasend schneller Zeit zum Standard einer übergreifenden Datenübertragung entwickelt. Insbesondere im Datenaustausch zwischen Datenbanken und Webbrowsern oder unter verschiedenen Datenbanken ist XML mittlerweile zu einem wichtigen Werkzeug geworden. Die beiden wichtigsten Datenbanken im professionellen Bereich, Oracle® und der sich schnell verbreitende Microsoft SQL Server®, haben ihre XML-Tools.

Die Literatur zu XML füllt mittlerweile Regalmeter: XML in diesem oder jenem Browser, XML bei dieser oder jener Datenbank, XML-Schema, XPath, XSL(T), usw. usf. Wie bei jeder Fachliteratur ist schnell der Punkt erreicht, daß sie zu einem Forum von Experten wird, die mit Fachbegriffen um sich werfen und sich mit Spezialproblemen befassen; der Laie aber bleibt außen vor oder muß sich mühselig durch Expertenliteratur kämpfen und selbständig auf die Grundlagen zurückschließen, mit den bekannten Gefahren von Mißverständnissen und Lücken.

Dabei ist XML im Kern ein recht einfaches Datenformat, das aus einer klaren, manchmal aber erst auf den zweiten Blick verständlichen Grammatik beruht.

Dieser Text ist eine leicht verständliche Schnelleinführung für Leser, die einfache oder vielleicht noch gar keine Kenntnisse in XML haben. Kurz und bündig wird alles Wissenswerte über wohlgeformtes XML erklärt und so die Grundlage für eine individuelle Weiterbeschäftigung mit dem Thema gelegt.

In diesem Text werden gelegentlich in Fußnoten oder Bemerkungen Vergleiche zu relationalen Datenbanken gegenüber der XML-Modellierung gemacht. Diese Anmerkungen sollen zusätzliche Hilfen für Leser mit entsprechenden Vorkenntnissen sein. Leser ohne Erfahrungen mit Datenbanken können über diese Stellen ohne Informationsverlust bezüglich XML hinweglesen.

Hier erwähnte Softwareprodukte u.a. Produkte sind Marken oder eingetragene Marken der jeweiligen Firmen.

## 1.2 Was ist XML?

XML heißt eXtensible Markup Language (= Erweiterbare Beschreibungs-Sprache). Die Sprache XML ist eine sogenannte Dokumentbeschreibungssprache, denn sie dient dazu, Textdokumente zu verfassen, die neben den Daten als Textinhalt eine Beschreibung der Bedeutung oder Funktion dieser Daten enthalten (deshalb „Beschreibungssprache"). Die grundsätzliche XML-Grammatik besteht fast nur aus wenigen syntaktischen Regeln; es gibt (fast) keinen vorgegebenen Wortschatz, die Datenbeschreibung in XML ist frei formulierbar (deshalb „erweiterbar").

**Kurz**: XML-Dokumente sind rein textliche, qualifizierte Datendokumente.

```
<Name>
  <Vorname>  Stefan  </Vorname>
  <Nachname> Kayser  </Nachname>
</Name>
```
**Dokument 1**

Dokument 1 zeigt ein einfaches XML-Dokument. Das Element <Name> qualifiziert den Dokumentinhalt als Namen. Der Text „Stefan" wird durch ein weiteres Element als Vorname, der Text „Kayser" als Nachname qualifiziert. Durch die Struktur wird festgelegt, daß der Name aus dem Vornamen und dem Nachnamen (in dieser Reihenfolge) besteht.

Die Sprache XML wurde vom World Wide Web Consortium (w3c) als Standard formuliert und lizenzfrei zur Verfügung gestellt. Diesem Gremium gehören Vertreter verschiedener Unternehmen und Universitäten an, so daß von Anfang an eine breite Akzeptanz gegeben war. Unter den deutschen Mitgliedern befinden sich die Siemens AG, die SAP AG und die Fraunhofer-Gesellschaft.

Ein großer Vorteil von XML besteht darin, daß es plattformunabhängig ist, d.h. es ist nicht an bestimmte Betriebsysteme oder Programme gebunden. Daten können zwischen unterschiedlichen Systemen ausgetauscht werden. Insbesondere für dynamische Websites ist XML ideal. Daten werden aus der Datenbank ins webfähige XML übertragen und mit Hilfe einer Stylesheetsprache, z.B. dem ebenfalls XML-basierten XSLT, in HTML für Rechner oder WML für Mobiltelefone konvertiert. Positiver Nebeneffekt: Im Gegensatz zur statischen Websprache HTML bleiben qualifizierte Daten und Gestaltung (Wiedergabe als Tabelle in roter, kursiver Schrift) getrennt! Dies bedeutet eine saubere Webprogrammierung und die Wiederverwertbarkeit der Gestaltung (einheitliche Corporate Identity).

Bekannte Softwareprodukte, die mit XML arbeiten, sind u.a.: Microsoft SQL Server®, mySAP®, Oracle®, Borland Kylix 2®.

Der zweite große Vorteil von XML ist, daß es eine Syntax für Beschreibungssprachen ist, da es an keine bestimmten Themen oder Projekte gebunden ist. XML ist damit auch eine Metasprache zur Entwicklung weiterer plattformunabhängiger Sprachen, die einen vorgegebenen Wortschatz haben und auf bestimmte Bedürfnisse und Anwendungszwecke zugeschnitten sind.

Zu den Sprachen der XML-Familie gehören:

**HTML**
Hyper-Text Markup Language. Sprache zur Erstellung browserfähiger Webseiten. Unter dem Namen **XHTML** ist nun auch die strikte Einhaltung der XML-Syntax etabliert.

**WML**
Wireless Markup Language. Sprache zur Erstellung von Webseiten für Mobiltelefone.

**MathML**
Sprache zur Formulierung mathematischer Ausdrücke.

**SVG**
Skalierbare Vektor-Graphik. Sprache zur Beschreibung von Bildern.

Von übergreifender Bedeutung sind:

**XML-Schema**
Grammatiksprache für XML-Dokumente oder sogar neuer XML-basierter Sprachen. Regelt u.a. Dokument-Gliederung, Element-Schachtelung (nesting) und Datentypen. Insbesondere bei der Zusammenarbeit mit Datenbanken geeignet.

**XSL**
eXtensible Stylesheet Language. Sprache zur Konvertierung von Dokumenten. XSL gliedert sich in die beiden Teile XSL-FO und XSLT. Mit **XSL-FO** (Formatting Objects) können z.b. XML-Dokumente in pdf-Dokumente konvertiert werden. Mit **XSLT** (XSL Transformation) werden XML-Dokumente in andere XML-basierte Dokumente transformiert, z.b. XML-Bestellungen in XML-Rechnungen oder aber beliebige XML-Dokumente in XHTML- oder WML-Dokumente zur Webdarstellung.

**XLink**
Methode zur Formulierung und Einbindung von Links, also direkten elektronischen Verknüpfungen von Ressourcen, in XML-Dokumente.

XML ist damit zur Grundlage für das sogenannte „semantische Web" und das Resource Description Framework (RDF) geworden, eine zukunftsträchtige Entwicklung, die eine starke semantische Beschreibung von Daten im Netz und damit zu einer Anbindung der Ausdrucksweise der Informatik an die übliche menschliche Kommunikation anstrebt.

## 1.3    Was heißt wohlgeformt?

Wie erwähnt, ist XML eine Sprache zur Erstellung qualifizierter Textdokumente ohne thematische Beschränkung. Daraus folgt, daß XML (fast) keinen vorgegebenen Wortschatz hat. Die XML-Grammatik besteht also fast nur aus Vorschriften zur Formulierung.

Weiterhin wurde erwähnt, daß das w3c XML als unabhängigen Standard formuliert hat, also eine Normierung im Kundeninteresse anstrebt. Weil sich Softwareproduzenten diesem Standard anschließen sollen, müssen für sie und ihre Kunden aber klare, verläßliche Regeln gelten, auf deren Grundlage Software-Produkte entwickelt werden können. Die XML-Grammatik ist damit also strikt einzuhalten!

Wenn ein XML-Dokument alle Regeln der XML-Grammatik einhält, nennt man es **wohlgeformt** (engl. „well-formed"). Ebenso können einzelne Bestandteile wie Textstücke oder Elemente zur Datenqualifizierung wohlgeformt genannt werden, wenn sie für sich genommen vollständig zum Regelwerk von XML passen. [1]

---

[1] Vgl. w3c: XML 1.0 (3), Abschnitt 2.1.

Wenn ein XML-Dokument oder ein Bestandteil daraus wohlgeformt ist und darüber hinaus zu einem inhaltlichen Regelwerk, das z.b. im erwähnten XML-Schema formuliert ist, paßt, heißt es **gültig** (engl. „*valid*"). Gültigkeit ist aber nicht Thema dieses Textes.

# 2 Arbeitsvorbereitung

## 2.1 Software

Es gibt mittlerweile eine Reihe sogenannter XML-Parser. Das sind Programme, die die Erstellung von XML-Dokumenten durch fortgeschrittene Editor-Werkzeuge unterstützen sowie die Wohlgeformtheit und ggf. auch Gültigkeit von Dokumenten prüfen und durch Fehlermeldungen bei deren Korrektur helfen.

Da dieser Text aber eine einfache und schnelle Einführung darstellt und den Leser in die Lage versetzen will, zügig mit XML arbeiten zu können, wollen wir uns auf einfache und meist auf jedem handelsüblichen Rechner vorhandene Software beschränken.

Zur Erstellung von XML-Dokumenten ist **nahezu jeder beliebige Editor** geeignet. Der Leser mag sich hier denjenigen aussuchen, der seinen Ansprüchen und Gewohnheiten am nächsten kommt.

Zur Darstellung der Dokumente und Prüfung ihrer Wohlgeformtheit genügt ein Internetbrowser. Hier wird der Microsoft **Internet Explorer**® ab Version 5.x, besser ab Version 6.x empfohlen. Für diesen Browser sprechen mehrere Argumente:

1. Er hält sich ziemlich genau an die Vorgaben des w3c.
2. Er bietet eine sehr übersichtliche und komfortable Darstellung von XML-Dokumenten.
3. Verstöße gegen Wohlgeformtheitsregeln werden mit meist brauchbaren Fehlermeldungen angezeigt.

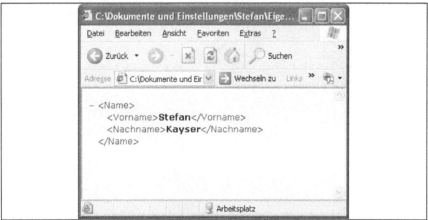

**Abb. 1: XML-Dokument in der Browseransicht**

Abb. 1 zeigt das Dokument aus der Einführung im Browserfenster. Elemente und Textstücke sind durch verschiedene Schriftstärken und Farben leicht voneinander zu unterscheiden. Wenn man mit dem Mauszeiger auf das Minuszeichen vor dem Element <Name> klickt, wird der Inhalt dieses Elementes eingeklappt, und das Minus verwandelt sich in ein Plus. Diese

Darstellungstechnik, die schon aus der Dateiansicht des Betriebssystems bekannt ist, erleichtert die Durchsicht insbesondere umfangreicher Dokumente.

**Abb. 2: Browseransicht – eingeklapptes Element**

Abb. 2 zeigt das Element <Name> eingeklappt. Durch Klick auf das Pluszeichen wird es wieder ausgeklappt.

Das XML-Dokument aus der Einführung wird jetzt so verändert, daß das Element <Name> an seinem Ende umbenannt wird, an seinem Anfang jedoch nicht. Diese unterschiedliche Benennung an Anfang und Ende ist ein Regelverstoß, der XML-Code ist nicht mehr wohlgeformt.

```
<Name>
   <Vorname>  Stefan </Vorname>
   <Nachname> Kayser </Nachname>
</meinName>
```

**Dokument 2: *fehlerhaftes Dokument***

Der Browser meldet diesen Fehler:

**Abb. 3: Browseransicht – Fehlermeldung**

## 2.2    Dokumente

Es wird empfohlen, ein Verzeichnis für Dokumente einzurichten. Darin sollte zunächst ein Blanko-Dokument als Vorlage für weitere Dokumente erstellt werden. XML-Dateien haben die Namenserweiterung .xml. Ein Blanko wie z.B. eine Datei 000Vorlage.xml (bei alphabetsicher Sortierung immer vorne) kann so aussehen:

```
<?xml version="1.0" encoding="ISO-8859-1" ?>

<Dokument>
</Dokument>
```
**Dokument 3: XML-Vorlagedatei**

Die erste Zeile in diesem Code ist die sogenannte **XML-Deklaration**. Sie sagt aus, daß hier mit XML der Version 1.0 gearbeitet und der Zeichensatz ISO-8859-1 benutzt wird, der die Sonderzeichen der deutschen Sprache (u.a. westeuropäischer Sprachen) wie ä, ö, ü und ß zuläßt. Genauere Angaben folgen später.

Die XML-Deklaration muß an allererster Stelle im Dokument stehen.

# 3  Die XML-Syntax

## 3.1  Grundlagen

### 3.1.1  Struktur

Die Hauptbestandteile von XML-Dokumenten sind **Elemente**, **Attribute** und **Texte**. Dabei sind die Texte die Daten, also der Inhalt der Dokumente, während die Elemente die Dokumente gliedern und strukturieren sowie einzelne Texte qualifizieren, also in ihrer Funktion oder Bedeutung benennen.

Die optionalen Attribute sind an Elemente gebunden. Sie unterstützen die Elemente bei ihrer Aufgabe, indem sie zusätzliche Informationen zu den Elementen liefern oder sogar Daten detailliert auszeichnen.

```
<?xml version="1.0" encoding="ISO-8859-1" ?>

<Name lfdNr="1">
   <Vorname>  Stefan  </Vorname>
   <Nachname> Kayser  </Nachname>
</Name>
```

**Dokument 4: Dokument mit Attribut**

Im bekannten Einführungsdokument hat das Element <Name> ein Attribut *lfdNr* erhalten, das den Wert 1 hat.

XML und alle von XML abgeleiteten Sprachen unterscheiden zwischen Groß- und Kleinbuchstaben. Man sagt, sie sind „case sensitive". Daraus folgt, daß „Wert" und „wert" zwei verschiedene Bezeichnungen sind.

### 3.1.2  Namen

Elemente und Attribute (und einige weitere, weniger wichtige Teile von XML-Dokumenten) haben also einen **Namen**.

XML-Namen dürfen nur aus Buchstaben, Ziffern und den Sonderzeichen Punkt, Bindestrich und Unterstrich bestehen. Das erste Zeichen muß ein Buchstabe oder ein Unterstrich sein. Namen, die mit „xml" in beliebiger Groß-/Kleinschreibung beginnen, sind reserviert für vorgegebene Namen. [2]

**Praxistip**: Auf Punkte und Bindestriche sollte in Namen verzichtet werden, besonders wenn man mit Datenbanken zusammenarbeiten will; denn viele Datenbank-Systeme unterstützen diese Zeichen nicht bei Namen für Tabellen und Spalten.
Aus diesem Grunde sollte man auch dann bei den strengeren Einschränkungen für Namen bleiben, falls die geplante Version XML 1.1 die Regeln für Namen lockern wird.

---

[2] Vgl. w3c: XML 1.0 (3), Abschnitt 2.3, Def. [5].

## 3.2 Elemente

Elemente sind die Hauptbestandteile von XML zur Beschreibung und Gliederung von Daten. Ein Element wird gemäß XML-Regeln dargestellt, indem sein Name durch spitze Klammern <> eingeschlossen wird. Diese Schreibweise wird „Tag" (Etikett) genannt.[3]

Ein Tag gliedert sich dabei i.d.R. in das Start-Tag (auch Beginn-Tag genannt) und das End-Tag, welche die Daten, die das Element beschreibt, als Inhalt einschließen. Zur Unterscheidung wird dabei im End-Tag der Elementnamen hinter einen Schrägstrich gesetzt.[4]

```
<Vorname> Stefan </Vorname>
```

Ein Element kann sowohl Text als auch andere Elemente zum Inhalt haben.

```
<?xml version="1.0" encoding="ISO-8859-1" ?>

<Projekt>
   <Titel> Parkhaus Nord </Titel>
   <Anfang> 01.03.2002 </Anfang>
   <Ende> 15.07.2002 </Ende>
   <Bauleiter> Meier </Bauleiter>
</Projekt>
```
**Dokument 5**

Das Element <Titel> zeichnet den Text „Parkhaus Nord" als einen Titel aus. Das Element <Projekt> zeichnet die Elemente <Titel>, <Anfang>, <Ende> und <Bauleiter> in dieser Zusammensetzung als Projekt aus.

**Praxistip:** Ein Element sollte immer nur andere Elemente **oder** Text zum Inhalt haben. Ein gemischter Inhalt ist zwar syntaktisch zulässig, ist aber schlechter Stil und zeigt eine unvollständige Strukturierung des Dokumentes an. Bei der Zusammenarbeit mit Datenbanken kann es sogar zu Problemen kommen.

Dokument 5 zeigt im Inhalt des Elementes <Projekt> weitere Elemente. Bei der Verschachtelung (engl. *nesting*) von Elementen spricht man von **Vater-** und **Kind-Elementen.** Im Beispiel ist <Projekt> das Vater-Element von <Titel>, <Anfang> usw. Diese sind die Kind-Elemente von <Projekt>.

Wie in der Biologie kann auch hier ein Vater mehrere Kinder, aber jedes Kind nur einen Vater haben. Eine unvollständige Verschachtelung oder Überlappung nimmt den beteiligten Elementen wie auch dem gesamten Dokument die Wohlgeformtheit.

```
<Projekt>
   <Bauleiter> Meier
</Projekt>
   </Bauleiter>
```
**Dokument 6: *fehlerhaftes Dokument***

---

[3] In der Literatur wird der Begriff „Tag" oft synonym zu „Element" verwendet.
[4] Vgl. w3c: XML 1.0 (2), Abschnitt 3.1.

### 3.2.1  Wurzel-Element[5]

Jedes XML-Dokument muß genau ein Element haben, das alle anderen Elemente und alle
Texte mittelbar oder unmittelbar einschließt. Dieses Element nennt man Wurzel-Element[6]
oder Dokument-Element.
Das Wurzel-Element ist also das einzige Element in einem Dokument, das kein Vater-
Element hat.

```
<?xml version="1.0" encoding="ISO-8859-1" ?>

<Name>
   <Vorname>  Stefan </Vorname>
   <Nachname> Kayser </Nachname>
</Name>
```
**Dokument 7**

Im Einführungsdokument ist <Name> das Wurzel-Element des Dokumentes.

### 3.2.2  Leere Elemente

Elemente ohne jeden Inhalt, leere Elemente also, können als unmittelbare Aufeinanderfolge
von Start- und End-Tag oder vereinfacht als **Leer-Tag** geschrieben werden. Im Leer-Tag steht
hinter dem Elementnamen ein Schrägstrich.[7]

```
<?xml version="1.0" encoding="ISO-8859-1" ?>

<Unternehmen>
   <Bezeichnung Name="Bayern-Handel" Rechtsform="GmbH" />
   <Logo/>
</Unternehmen>
```
**Dokument 8**

Leere Elemente können auch Daten auszeichnen, nämlich mit Hilfe von Attributen wie das
Element <Bezeichnung> im Beispiel.
Ein leeres Element kann aber auch durch sein bloßes Vorhandensein etwas bewirken. Wenn
Dokument 8 als Webdokument eingesetzt wird, kann ein Stylesheet dafür sorgen, daß immer
dann, wenn das leere Element <Logo/> auftaucht, das Firmenlogo im Browser angezeigt
wird.

---

[5] Vgl. w3c: XML 1.0 (3), Abschnitt 2.1.
[6] In der Umgangssprache wird das Wurzel-Element auch kurz Wurzel genannt. Diese Bezeichnung ist
zumindest unglücklich und mißverständlich, weil in XPath mit „Wurzel" (root) das Dokument selber gemeint ist.
[7] Vgl. w3c: XML 1.0 (3), Def. [44]

## 3.3   Attribute

Unter Attributen versteht man i.a. Eigenschaften von verwalteten Objekten, z.B. das Geburtsdatum einer Person oder die Herstellerfirma eines Fahrzeugs. Auch in der Datenbank-Theorie bezeichnet man Eigenschaften, die ein identifiziertes Objekt einmal oder keinmal haben kann, mit ihnen also durch eine 1:1-Beziehung verbunden ist, als Attribut.[8]

In XML sind Attribute zusätzliche Angaben zu Elementen (also den Objekten in XML). Jedes Element darf beliebig viele Attribute haben, aber diese müssen unterschiedliche Namen haben. Ebenso wie eine Datenbanktabelle nicht mehrere gleichnamige Spalten haben darf, darf ein XML-Element nicht mehrere gleichnamige Attribute haben.

```
<?xml version="1.0" encoding="ISO-8859-1" ?>

<Name Vorname='Stefan' Nachname="Kayser" />
```
**Dokument 9**

Dokument 9 zeigt das Einführungsdokument, das nun mit Hilfe von Attributen umformuliert ist. Ein Attribut wird **immer** als Gleichung aus dem Attributnamen und dem Attributwert geschrieben (ein Unterschied zu einer gewissen Unsitte im frühen HTML). Man spricht hier auch kurz von Name-Wert-Paaren. Im Beispiel hat das Attribut *Vorname* den Wert „Stefan" und das Attribut *Nachname* den Wert „Kayser".[9]

**Hinweis:** Auch wenn Attributwerte in Anführungszeichen stehen müssen, sind damit ihre Datentypen nicht festgelegt. Eine Zahl als Attributwert muß zwar auch in Anführungszeichen stehen, bleibt aber weiterhin eine **Zahl**, mit der gerechnet werden kann.

Syntaktisch sind bei Attributen folgende Regeln zu beachten, damit sie wohlgeformt sind:
   a) Ein Attribut steht immer im Start-Tag oder Leer-Tag eines Elementes, niemals aber im End-Tag oder gar unabhängig von einem Element.
   b) Der Attributname muß ein **Name** nach XML-Regeln sein (vgl. Abschnitt 3.1.2. Namen).
   c) Der Attributwert muß in Anführungszeichen stehen. Dabei sind sowohl einfache als auch doppelte Anführungszeichen zulässig, wie auch Dokument 9 zeigt.

In der Praxis ist es immer ein großes Dilemma, ob man die Daten zu einem Objekt bzw. Element mit Hilfe von Attributen oder von Kind-Elementen ablegen soll. Eine endgültige Antwort darauf gibt es nicht. Im weiteren sollen aber einige Entscheidungshilfen gegeben werden.

Ein Element darf zwar mehrere gleichnamige Kind-Elemente, nicht aber mehrere gleichnamige Attribute haben. Daraus folgt, daß mehrfach vorkommende Eigenschaften eines Elementes (man spricht hier auch von 1:n-Beziehungen) auf jeden Fall mit Hilfe von Kind-Elementen modelliert werden müssen. Die Daten selber können freilich als Werte von Attributen der Kind-Elemente abgelegt werden. Als Beispiel soll das Straßenverzeichnis einer Stadt dienen.

---

[8] Beim Entwurf der Datenbank werden Attribute dann als Spalten neben dem Primärschlüssel modelliert.
[9] Vgl. w3c: XML 1.0 (2), Def. [41], [10].

```
<?xml version="1.0" encoding="ISO-8859-1" ?>

<Stadt>
   <Name> Berlin </Name>
   <Straße> Unter'n Linden </Straße>
   <Straße> Kurfürstendamm </Straße>
   <Straße> Goethestraße </Straße>
</Stadt>
```

**Dokument 10a: Daten als Text**

Die Mehrfachangaben Straße zu Stadt mußten als Kind-Elemente modelliert werden. Die Namen der Straßen sind als Textinhalte der Elemente des Typs <Straße> angegeben. Der Name der Stadt ist ebenfalls als Textinhalt eines Kind-Elementes <Name> abgelegt.

```
<?xml version="1.0" encoding="ISO-8859-1" ?>

<Stadt Name="Berlin">
   <Straße Name="Unter'n Linden" />
   <Straße Name="Kurfürstendamm" />
   <Straße Name="Goethestraße" />
</Stadt>
```

**Dokument 10b: Daten als Attributwerte**

Hier sind alle Daten als Attributwerte angegeben. Sowohl der Name der Stadt als auch der Name jeder Straße ist durch ein Attribut *Name* ausgedrückt.

Daß man bei Attributen zwischen einfachen und doppelten Anführungszeichen wählen darf, hat nebenbei den Vorteil, daß das jeweils andere Zeichen Teil des Attributwertes sein kann, wie man am Straßennamen „Unter'n Linden" sieht.

### 3.3.1  XML-Attribute

Wie erwähnt, sind Namen, die mit „xml" anfangen, reserviert und dürfen nicht von XML-Entwicklern geschaffen werden. Einige Beispiele für vordefinierte Namen, die mit „xml" anfangen, sind die XML-Attribute.

Es gibt zwei vordefinierte Attribute, die themenunabhängig eine technische Unterstützung von XML-Dokumenten vor allem bei der Zusammenarbeit mit anderen Anwendungen anbieten.

Das XML-Attribut *xml:space* soll die Leerraumbehandlung von Text im Inhalt von Elementen regeln. [10]

Unter Leerraum (*white space*) versteht man Leerzeichen, Tabulatorschritte, Wagenrückläufe, Zeilenvorschübe und Kombinationen daraus. Leeraum im Quellcode von XML-Dokumenten wird von Anwendungen, auch von Browsern, grundsätzlich normalisiert. Leerraumnormalisierung bezeichnet die Reduktion von mehrstelligem Leerraum auf ein Zeichen.

Das folgende Dokument enthält ein Gedicht. Gerade hier wäre die Erhaltung des gegebenen Leerraums wünschenswert:

---

[10] Vgl. w3c: XML 1.0 (3), Abschnitt 2.10.

```
<?xml version="1.0" encoding="ISO-8859-1" ?>

<Gedicht>
  <Anfang>
    Wer reitet so spät durch Nacht und Wind?
    Es ist der Vater mit seinem Kind.
  </Anfang>
  <Verfasser> Goethe </Verfasser>
</Gedicht>
```

**Dokument 11**

Der Browser aber reduziert den Zeilenumbruch nach der ersten Gedichtzeile und die Leerzeichen am Beginn der zweiten auf ein Leerzeichen:

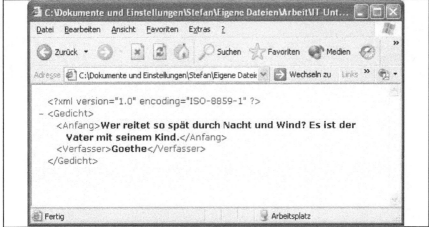

**Abb. 4: Leerraumnormalisierung im Browser**

XML bietet nun das vorgegebene Attribut *xml:space* an, das eine Leerraumnormalisierung zumindest in der Theorie verhindern soll. Ein derartiges Attribut muß einen der beiden Werte „default", der die defaultmäßige Leerraumnormalisierung bestätigt, oder „preserve", der sie unterbindet, haben. Dieses Attribut gilt für das Element, zu dem es gehört, sowie für alle Elemente in dessen Inhalt, sofern sie nicht auch ein Attribut *xml:space* mit gegenteiligem Wert haben.

Das obige Dokument kann also wie folgt geändert werden:

```
<?xml version="1.0" encoding="ISO-8859-1" ?>

<Gedicht>
  <Anfang xml:space="preserve">
    Wer reitet so spät durch Nacht und Wind?
    Es ist der Vater mit seinem Kind.
  </Anfang>
  <Verfasser> Goethe </Verfasser>
</Gedicht>
```
**Dokument 12**

Achtung: Was das XML-Attribut *xml:space* betrifft, befolgt der Internet Explorer® nicht die Vorgaben des w3c.

Das zweite XML-Attribut heißt *xml:lang* (für *language*, Sprache) und soll die Sprache des Textinhaltes identifizieren.[11] Hier ist insbesondere an die Zusammenarbeit von XML mit Textverarbeitungen zu denken.

Die Werte von Attributen *xml:lang* müssen Sprachencodes gemäß IETF RFC 1766 sein.

„[IETF RFC 1766]-Marken bestehen aus einem zwei-buchstabigen Sprachen-Code gemäß Definition in [ISO 639], aus einem zwei-buchstabigen Länder-Code gemäß Definition in [ISO 3166] oder aus Sprachbezeichnern, die bei der Internet Assigned Numbers Authority [IANA-LANGCODES] registriert sind. Es wir erwartet, dass der Nachfolger von [IETF RFC 1766] drei-buchstabige Sprachen-Codes einführen wird, die gegenwärtig nicht durch [ISO 639] abgedeckt werden."[12]

Die folgenden XML-Elemente zeigen einige Beispiele:

```
<Gedicht xml:lang="de">
  <Anfang>
    Wer reitet so spät durch Nacht und Wind?
    Es ist der Vater mit seinem Kind.
  </Anfang>
  <Verfasser> Goethe </Verfasser>
</Gedicht>
<Gruß xml:lang="fr"> Au revoir </Gruß>
<Jahreszeit xml:lang="en-UK"> autumn </Jahreszeit>
<Jahreszeit xml:lang="en-US"> fall </Jahreszeit>
```

---

[11] Vgl. w3c: XML 1.0 (3), Abschnitt 2.12.
[12] w3c: XML 1.0 (2), deutsche Übersetzung, Abschnitt 2.12.

## 3.4 Zeichendaten

Wenn die offizielle XML-Spezifikation des w3c in ihrer sehr formalisierten Sprache von „Zeichendaten" (*character data*) spricht, meint sie damit hauptsächlich **Text** und **Attributwerte**.

### 3.4.1 Zulässige und unzulässige Zeichen[13]

Die Zeichendaten repräsentieren also die durch Elemente und Attribute qualifizierten und strukturierten Daten in XML-Dokumenten. Zeichendaten dürfen aus fast allen Zeichen bestehen, die der angemeldete Zeichensatz gestattet. Aus technischen Gründen sind aber einige Zeichen verboten oder nur eingeschränkt nutzbar.

Weil Elemente und einige andere Bestandteile aus XML-Dokumenten mit einer spitzen Klammer anfangen und damit für Prozessoren als funktionaler Teil des Dokumentes erkennbar sind, darf eine öffnende spitze Klammer (alias *kleiner als* <) nicht in Zeichendaten vorkommen.

Ebenso sind das kaufmännische Und (&) sowie die Zeichenkette ]]> in Zeichendaten verboten. Die Gründe hierfür werden in den folgenden Abschnitten genannt.

### 3.4.2 Referenzen

Weil die verbotenen Zeichen eventuell doch mal benötigt werden, enthält die Sprache XML fünf vordefinierte Entitäten. Das sind Zeichen, die nicht unmittelbar, sondern durch eine Referenz in das Dokument aufgenommen werden können.

In XML gibt es diese fünf eingebauten Entitäten:

| Entitätsname | Ersetzungstext | Erläuterung |
|:---:|:---:|:---:|
| lt | < | lower than (kleiner als) |
| gt | > | greater than (größer als) |
| amp | & | Ampersand |
| apos | ' | Apostroph |
| quot | " | Quotation (Zitat) |

**Tabelle 1: Entitäten**

Referenziert wird dadurch, daß der Entitätsname zwischen ein & und ein Semikolon gesetzt wird.[14] Das folgende Dokument enthält zwei Vorbilder für die Zeichen „&" und „<":

```
<?xml version="1.0" encoding="ISO-8859-1" ?>

<Algebra Lektion="Ungleichungen - kurz &amp; bündig">
  <Ungleichung> 5 + 2 &lt; 10 </Ungleichung>
</Algebra>
```

**Dokument 13: Entitäts-Referenzen**

---

[13] Vgl. w3c: XML 1.0 (3), Abschnitt 2.4.

[14] Ebd.: Def. [68].

Und so sieht das verarbeitete Dokument schließlich im Browser aus:

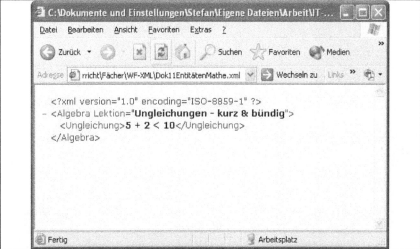

**Abb. 5: Aufgelöste Entitäts-Referenzen im Browser**

Das Zeichen & leitet also auch eine für den Prozessor wichtige Zeichenkette ein. Das ist der Grund, daß dieses Zeichen außer bei Referenzen nicht in Zeichendaten vorkommen darf.

**Praxistip**: Wenn man XML-Dokumente zusätzlich durch eigene Regelwerke in den Grammatiksprachen XML-Schema oder DTD (Dokument-Typ-Definition) definiert, kann man auch eigene Entitäten deklarieren, die im XML-Dokument in der gezeigten Syntax referenziert werden können.

Neben den Entitäts-Referenzen gibt es noch die Zeichenreferenzen. Hierbei werden Zeichen in die Zeichendaten eingesetzt, indem man einen für sie vorbelegten Zahlencode referenziert. Der große Praxisnutzen der Zeichenreferenzen besteht darin, daß sie unabhängig vom angemeldeten Zeichensatz sind. Wenn also durch Vorgaben im Projekt oder im Unternehmen nicht der für die deutsche Sprache geeignete Zeichensatz ISO-8859-1 benutzt werden kann, ist es trotzdem möglich, deutsche Umlaute im Dokument zu benutzen und es so für deutsche Benutzer leserfreundlich zu halten. (Umgekehrt können so natürlich auch unter dem „deutschen Zeichensatz" die Sonderzeichen anderer, beispielsweise skandinavischer oder osteuropäischer, Sprachen integriert werden.)

Für deutsche Dokumente sind folgende Zahlencodes wichtig:

| ä | 228 | Ä | 196 |
|---|-----|---|-----|
| ö | 246 | Ö | 214 |
| ü | 252 | Ü | 220 |
| ß | 223 | & | 38 |
| < | 60 | > | 62 |

**Tabelle 2: Zeichenreferenzen (Auswahl)**

Zeichenreferenzen unterscheiden sich von Entitäts-Referenzen darin, daß hinter dem Und-Zeichen (&) ein Doppelkreuz (#) steht.[15] Das folgende Dokument zeigt ein Beispiel:

```
<?xml version="1.0" encoding="ISO-8859-4" ?>

<Empfehlung>
  I&#223; sch&#246;ne gr&#252;ne &#196;pfel!
</Empfehlung>
```
**Dokument 14: Zeichenreferenzen**

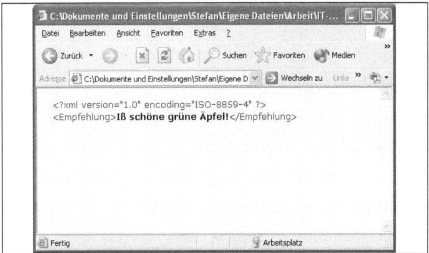

**Abb. 6: Aufgelöste Zeichen-Referenzen im Browser**

Man beachte, daß in diesem Dokument der Zeichensatz ISO-8859-4 (Skandinavische und baltische Sprachen) angemeldet ist. Trotzdem werden die deutschen Sonderzeichen korrekt aufgelöst.

Neben den hier vorgestellten Zeichenreferenzen mit Dezimalzahlen gibt es noch eine weitere Gruppe mit Hexadezimalzahlen. Hier beginnen die Referenzen mit &#x statt &#. Wegen ihrer geringen Bedeutung in der Praxis werden sie hier aber nicht weiter behandelt.

### 3.4.3  CDATA-Abschnitte[16]

CDATA-Abschnitte sind geschützte Textstücke. CDATA steht für „character data", also Zeichendaten. „Geschützt" bedeutet, daß ihr Inhalt nicht von einem Prozessor auf funktionale Bestandteile hin überprüft wird. Deshalb sind in CDATA-Abschnitten auch Zeichen erlaubt, die in gewöhnlichem Text verboten sind.

---

[15] Vgl. w3c: XML 1.0 (3), Def. [66].
[16] Ebd.: Abschnitt 2.7.

CDATA-Abschnitte sind dann sinnvoll, wenn normalerweise verbotene Zeichen wie < oder & häufig vorkommen, ansonsten ist die Benutzung von Referenzen effizienter. Beispiele für die sinnvolle Verwendung von CDATA-Abschnitten sind Dokumente über Themen wie Mathematik (<, >) oder XML-Sprachen (<Element>).

Abb. 7 zeigt ein Beispieldokument, das HTML-Code als geschützten Text enthält, in der Browseransicht.

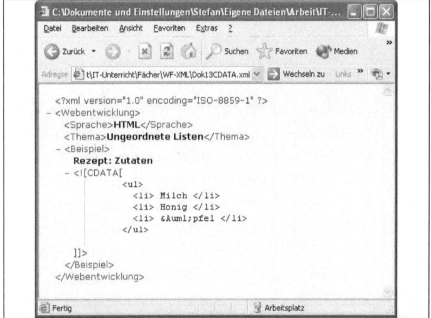

**Abb. 7: CDATA-Abschnitt**

Der CDATA-Abschnitt wird durch die Zeichenkette „<![CDATA[„ eingeleitet und durch „]]>" beendet. Dies ist der Grund, warum die Zeichenkette ]]> nicht in gewöhnlichem Text vorkommen darf.

CDATA-Abschnitte dürfen alle vom angemeldeten Zeichensatz zugelassenen Zeichen enthalten. Der Prozessor prüft sie nicht auf Funktionalität, und der Browser gibt sie unverändert als Text wieder. Aus diesem Grunde werden auch Referenzen wie &Auml; im Beispiel (HTML-Referenz für Ä) als reiner Text interpretiert und nicht aufgelöst.

## 3.5 Kommentar[17]

Wie in fast allen Programmier- und Dokumentbeschreibungssprachen ist es auch in XML möglich, Kommentare in den Code einzufügen. Kommentare sind Anmerkungen, die nicht zu

---

[17] Vgl. w3c: XML 1.0 (3), Abschnitt 2.5.

eigentlichen Dokumentinhalt gehören und nur dem Leser des Quellcodes zusätzliche Informationen geben sollen.

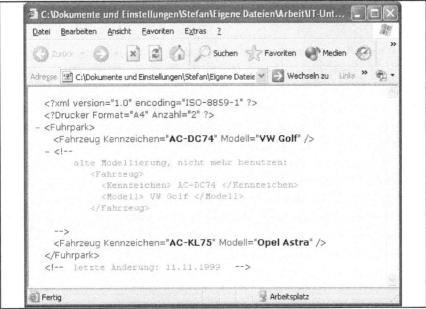

**Abb. 8: Kommentare**

Kommentar in XML-Dokumenten steht zwischen den Zeichenketten <!-- und -->. Im Browser wird sein Inhalt in grauer Schrift wiedergegeben.

Ein Kommentar darf alle durch den Ze ichensatz zugelassenen Zeichen enthalten. Verboten ist nur die Aufeinanderfolge zweier Minuszeichen (--). Damit wird verhindert, daß ein Kommentar einen anderen Kommentar enthält, was auch in anderen Sprachen unzulässig ist. Hingegen ist die öffnende spitze Klammer erlaubt, so daß Kommentar auch zur Dokumentation von Code genutzt werden kann, wie es in Abb. 8 gezeigt ist.

Kommentar darf an beliebigen Stellen im Dokument stehen, auch außerhalb des Wurzel-Elementes, allerdings hinter der XML-Deklaration.

## 3.6    Verarbeitungsanweisungen[18]

### 3.6.1    Allgemeines

Verarbeitungsanweisungen (engl. *processing instructions*) sind Anweisungen, die aus dem XML-Dokument heraus anderen mitwirkenden Software-Produkten oder Prozessoren erteilt werden.

Das w3c hat für diese Zwecke Syntaxvorschriften vorgegeben, auf deren Grundlage Software-Hersteller die Zusammenarbeit von XML-Dokumenten mit ihren Programmen formulieren

---

[18] Vgl. w3c: XML 1.0 (3), Abschnitt 2.6.

können. Hierbei handelt es sich überwiegend noch um Zukunftsmusik. Jedoch hat das w3c selber schon einige Beispiele innerhalb der XML-Familie erstellt, die später in diesem Text noch vorgestellt werden.

Eine Verarbeitungsanweisung (VA) besteht aus dem Zielnamen und den Anweisungen. Der Zielname ist die Anrede der angesprochenen Anwendung und muß als **Name** nach XML-Regeln formuliert sein. Darauf folgen die Anweisungen, die der Anwendung erteilt werden. Sie müssen den syntaktischen Vorgaben für **Zeichendaten** in XML genügen und sind ansonsten frei formulierbar.

```
<?Drucker Format="A4" Anzahl="2" ?>
```

Hier ist ein frei erfundenes Syntaxbeispiel für eine VA gegeben. Sie soll eine Anweisung zum Druck des XML-Dokumentes zeigen. Der Zielname lautet „Drucker", und dem folgen die genauen Anweisungen zu Papierformat und Anzahl der Ausdrucke.

Um für den Prozessor erkennbar zu sein, steht eine VA zwischen den Zeichenketten <? und ?>. Daraus ergibt sich dann die einzige weitere Einschränkung zur Formulierung einer VA. Die Zeichenkette ?> darf nicht darin vorkommen, weil sie das Ende der Anweisungen anzeigt.

### 3.6.2 Praxisbeispiele

Eine bereits gegebene VA wurde schon in diesem Text vorgestellt, nämlich die XML-Deklaration:

```
<?xml version="1.0" encoding="ISO-8859-1" ?>
```

Hierbei ist „xml" der Zielname für den XML-Prozessor, und danach folgen die Anweisungen bezüglich der zu prüfenden XML-Version und des anzuwendenden Zeichensatzes.

Zur Erinnerung: Der Ziel**name** lautet „xml" (er beginnt also auch mit „xml"). Solche Namen sind reserviert für allgemeine, vom w3c vorgegebene Anwendungen. Die XML-Deklaration ist ein Beispiel dafür.

Ein weiteres Beispiel für schon gegebene, funktionierende VAs ist der Aufruf von Stylesheets zur Verarbeitung von XML-Dokumenten für eine Webpräsentation.

```
<?xml-stylesheet
      href="../stylesheets/Demo2003.xsl" type="text/xsl" ?>

<?xml-stylesheet
      href="../stylesheets/Demo2001.css" type="text/css" ?>
```

Hier lautet der Zielname „xml-stylesheet". Mit den Anweisungen *href* und *type* werden Pfad und Dateiname bzw. Dateityp des Stylesheets angegeben. Im ersten Beispiel handelt es sich um ein XSL-Stylesheet, im zweiten um ein CSS-Stylesheet.

# 4 Stilfragen und Praxistips

Die syntaktischen Regeln von XML sind nun bekannt. Danach stellt sich die Frage nach einem guten Stil der Formulierung von XML-Dokumenten.

XML ist eine Dokumentbeschreibungssprache. Also ist der Entwurf von XML-Dokumenten eine Formulierungsleistung. Eine starke Semantik macht XML-Dokumente für Mensch und Maschine leichter lesbar und kann die Zusammenarbeit mit Datenbanken, Stylesheets u.a. Anwendungen erleichtern oder sogar erst ermöglichen.

## 4.1 Element-Inhalt

Die Elemente in XML dienen dazu, als Text gegebene Daten zu beschreiben oder das Dokument zu strukturieren und zu gliedern. Sie sollten aber nicht beides zugleich tun! Das bedeutet: Es ist zu vermeiden, daß ein Element sowohl Kind-Elemente als auch Textinhalt, sogenannten gemischten Inhalt, hat.

```
<?xml version="1.0" encoding="ISO-8859-1" ?>

<Abteilung>
   Programmierung
   <Projekt> SQL Server </Projekt>
   <Projekt> UML </Projekt>
   <Projekt> Delphi </Projekt>
</Abteilung>
```
**Dokument 15: Gemischter Inhalt**

In diesem Beispiel enthält das Wurzelelement <Abteilung> Text und Kind-Elemente. Hier ist zu fragen, was der Text zu bedeuten hat: Er gibt den Namen der Abteilung an. Deshalb wird ein Element <Abteilungs_Name> eingefügt.

```
<?xml version="1.0" encoding="ISO-8859-1" ?>

<Abteilung>
   <Abteilungs_Name> Programmierung </Abteilungs_Name>
   <Projekt> SQL Server </Projekt>
   <Projekt> UML </Projekt>
   <Projekt> Delphi </Projekt>
</Abteilung>
```
**Dokument 16: Verbesserte Fassung**

Das folgende Dokument zeigt einen gemischten Elementinhalt, der durch einen Überleitungstext verursacht ist:

```
<?xml version="1.0" encoding="ISO-8859-1" ?>

<Zoologie>
   <Klasse> Säugetiere </Klasse>
   <Klasse> Vögel </Klasse>
   <Klasse> Lurche </Klasse>
   gehören zum Stamm der
   <Stamm> Wirbeltiere </Stamm>
</Zoologie>
```

**Dokument 17: Gemischter Inhalt**

Falls dieses Dokument nur zur Präsentation in einem Browser genutzt werden soll, kann man hier zur Not den gemischten Inhalt akzeptieren.

Ansonsten ist aber zu überlegen, ob man den Text „gehören zum Stamm der" nicht besser entfernt und statt dessen diese Aussage durch eine verbesserte Dokumentstruktur zum Ausdruck bringt wie in Dokument 18:

```
<?xml version="1.0" encoding="ISO-8859-1" ?>

<Zoologie>
   <Stamm>
      <Bezeichnung> Wirbeltiere </Bezeichnung>
      <Klasse> Säugetiere </Klasse>
      <Klasse> Vögel </Klasse>
      <Klasse> Lurche </Klasse>
   </Stamm>
</Zoologie>
```

**Dokument 18: Verbesserte Fassung**

Oder man macht diesen Text, wenn er wirklich gebraucht wird, zum Inhalt eines neuen Elementes, das einen Namen wie <Zuordnung> bekommt, wie Dokument 19 zeigt. Grundsätzlich ist aber die Lösung aus Dokument 18 vorzuziehen; insbesondere bei der Zusammenarbeit mit Datenbanken, in denen i.a. keine Prädikate[19] gespeichert werden.

```
<?xml version="1.0" encoding="ISO-8859-1" ?>

<Zoologie>
   <Klasse> Säugetiere </Klasse>
   <Klasse> Vögel </Klasse>
   <Klasse> Lurche </Klasse>
   <Zuordnung> gehören zum Stamm der </Zuordnung>
   <Stamm> Wirbeltiere </Stamm>
</Zoologie>
```

**Dokument 19: Verbesserte Fassung – Variante**

---

[19] Die Beziehungen der ER-Modellierung werden ja durch die Tabellenstruktur implementiert.

## 4.2    Elemente und Attribute

Daten sollen als Texte oder Attributwerte abgelegt werden, eine Vermischung ist aber zu vermeiden. Als Beispiel wird eine Abart des Dokumentes über die Programmierabteilung herangezogen:

```
<?xml version="1.0" encoding="ISO-8859-1" ?>

<Abteilung Name="Programmierung">
  <Projekt> SQL Server </Projekt>
  <Projekt> UML </Projekt>
  <Projekt> Delphi </Projekt>
</Abteilung>
```

**Dokument 20: Vermischte Datenablage**

Dokument 20 zeigt eine in der Praxis häufig anzutreffende Fehlformulierung. Eine Abteilung kann nur einen Namen haben, also wird er mit einem Attribut beschrieben; denn ein Element kann nicht mehrere gleichnamige Attribute haben. Eine Abteilung kann aber durchaus an mehreren Projekten arbeiten. Mithin werden hier – völlig richtig – Kind-Elemente eingesetzt, um die verschiedenen Projekte anzugeben. Deren Titel sind aber als Text gegeben, was zu einer vermischten Datenablage führt.

Besser ist es, die Projekttitel auch als Attribute zum jeweiligen Element <Projekt> zu formulieren. Da zu den Projekten keine Mehrfachangaben (1:n-Beziehungen) gegeben sind, werden die Elemente vom Typ <Projekt> notwendig zu leeren Elementen.

```
<?xml version="1.0" encoding="ISO-8859-1" ?>

<Abteilung Name="Programmierung">
  <Projekt Titel="SQL Server" />
  <Projekt Titel="UML" />
  <Projekt Titel="Delphi" />
</Abteilung>
```

**Dokument 21: Verbesserte Fassung**

## 4.3    Aufzählungen

Unmittelbar aufeinanderfolgende, gleichartige Abfolgen von Elementen sind ein Zeichen schlechter Strukturierung, wie das folgende Beispiel zeigt:

```
<?xml version="1.0" encoding="ISO-8859-1" ?>

<Länder>
    <Landesname> Deutschland </Landesname>
    <Hauptstadt> Berlin </Hauptstadt>
    <Sprache> Deutsch </Sprache>
    <Landesname> Ungarn </Landesname>
    <Hauptstadt> Budapest </Hauptstadt>
    <Sprache> Ungarisch </Sprache>
    <Landesname> Österreich </Landesname>
    <Hauptstadt> Wien </Hauptstadt>
    <Sprache> Deutsch </Sprache>
</Länder>
```
**Dokument 22: Wiederholte Abfolge**

Hier wiederholt sich die Abfolge Landesname, Hauptstadt und Sprache. Es ist aber klar, daß jede Abfolge dieser drei Elemente Eigenschaften eines Landes wiedergibt. Deshalb ist es besser, zwischen das Wurzelelement <Länder> und die genannten Elemente eine weitere Ebene mit Elementen namens <Land> einzufügen, die Informationen über ein bestimmtes Land abgrenzt.

```
<?xml version="1.0" encoding="ISO-8859-1" ?>

<Länder>
    <Land>
        <Landesname> Deutschland </Landesname>
        <Hauptstadt> Berlin </Hauptstadt>
        <Sprache> Deutsch </Sprache>
    </Land>
    <Land>
        <Landesname> Ungarn </Landesname>
        <Hauptstadt> Budapest  </Hauptstadt>
        <Sprache> Ungarisch </Sprache>
    </Land>
    <Land>
        <Landesname> Österreich </Landesname>
        <Hauptstadt> Wien </Hauptstadt>
        <Sprache> Deutsch </Sprache>
    </Land>
</Länder>
```
**Dokument 23: Verbesserte Fassung**

Dem Leser wird empfohlen, dieses Dokument zur Übung so zu ändern, daß die Daten als Attributwerte angegeben werden.

## 4.4    Zahlen in XML-Dokumenten

Zahlen können von anderen Applikationen zum Rechnen oder numerischen Sortieren genutzt werden oder sie können in Datenbankspalten mit numerischem Datentyp eingetragen werden. Wenn ein XML-Dokument Zahlen enthält, ist also darauf zu achten, daß die Zahlen allein stehen, also von Maßeinheiten oder anderem Text getrennt sind.

Dokument 24 zeigt ein derart schlecht formuliertes Dokument:

```
<?xml version="1.0" encoding="ISO-8859-1" ?>

<Einkauf>
  <Produkt>
    <Bezeichnung> Milch </Bezeichnung>
    <Menge> 5 Liter </Menge>
  </Produkt>
  <Produkt>
    <Bezeichnung> Mehl </Bezeichnung>
    <Menge> 2 Kilogramm </Menge>
  </Produkt>
</Einkauf>
```

**Dokument 24: Vermengung Zahl und Text**

Das folgende Dokument zeigt eine Lösung, die Betrag und Einheit in zwei getrennten Elementen auszeichnet.

```
<?xml version="1.0" encoding="ISO-8859-1" ?>

<Einkauf>
  <Produkt>
    <Bezeichnung> Milch </Bezeichnung>
    <Menge>
      <Betrag> 5 </Betrag>
      <Einheit> Liter </Einheit>
    </Menge>
  </Produkt>
  <Produkt>
    <Bezeichnung> Mehl </Bezeichnung>
    <Menge>
      <Betrag> 2 </Betrag>
      <Einheit> Kilogramm </Einheit>
    </Menge>
  </Produkt>
</Einkauf>
```

**Dokument 25: Verbesserte Fassung**

## 4.5   XML und CSS

Cascading Style-Sheets (CSS) ist eine Stylesheet-Technik, die zusätzliche Formatierungen für HTML-Dokumente formuliert. Auch wenn CSS ursprünglich nicht dafür geschaffen wurde und eigentlich auch nicht sehr geeignet dafür ist, kann man es trotzdem auch für XML-Dokumente einsetzen. Eine grundsätzliche Einstellung der CSS-Anwendung auf XML-Dokumente ist, daß alle Texte, aber keine Attributwerte im Browser dargestellt werden.

Wenn man nun XML-Dokumente mit Hilfe von CSS für eine Webdarstellung formatieren will und das Dokumente teilweise Informationen enthält, die nicht gezeigt werden sollen, ist einer der wenigen Fälle gegeben, in denen eine Mischung von Texten und Attributwerten sinnvoll sein kann. Daten, die präsentiert werden sollen, werden als Text abgelegt, die übrigen als Attributwerte.

Freilich sind die Attribute im Quelltext vorhanden und einsehbar, diese Lösung sichert also nicht die Vertraulichkeit der Daten!

# 5  Namensräume

## 5.1  Einführung

Unter einem Namensraum (Dieser Begriff ist älter als XML und wird auch in ähnlicher Bedeutung in anderen Gebieten der Informatik benutzt.) versteht man ein Regelwerk, in dessen Bereich die Bedeutung und Benutzung bestimmter Namen definiert ist. Man kann also sagen, daß ein Namensraum der „Raum" oder besser der Gültigkeitsbereich der Namensdefinitionen eines Themas ist. Für XML bedeutet das, daß alle Elemente, die zu einem bestimmten Thema gehören, einen Namensraum bilden.

Technisch gesehen ist ein Namensraum eine Grammatik für XML-Code, der von XML-Dokumenten oder Teilen davon in Anspruch genommen werden kann. Jeder XML-Benutzer sollte zumindest Grundkenntnisse in der Namensraum-Technik haben, weil dieses Thema in der Praxis in folgenden Bereichen gebraucht wird:

a) Eine in der Sprache XML-Schema verfaßte Grammatik bildet für ihre XML-Dokumente einen Namensraum und wird auch so angesprochen.

b) Verschiedene in der XML-Syntax formulierte Sprachen beziehen ihre spezifische Fachgrammatik als Namensraum, u.a. XSL, XML-Schema und SOAP.

c) Durch die Deklaration von Namensräumen werden in XML-Dokumenten Elemente mit gleichen Namen, aber unterschiedlicher Bedeutung unterscheidbar. Das wird im nächsten Abschnitt genauer erläutert.

## 5.2  Formulierung[20]

Wenn man in einem XML-Dokument Daten ablegt, die zu verschiedenen Themen gehören, kann es sein, daß mehrere Elemente einen gleichen Namen und eine unterschiedliche Bedeutung haben. Das sollte natürlich grundsätzlich vermieden werden, aber vielleicht ist man an ältere Vorgaben gebunden oder die Daten werden aus verschiedenen, voneinander unabhängigen Quellen bezogen.

---

[20] Vgl. w3c: Namespaces in XML, Abschnitt 2.

Das XML-Dokument in Dokument 26 gibt ein intuitives Beispiel:

```
<Autoreparatur>
  <Halter>
    <Name>
      <Vorname> Peter </Vorname>
      <Nachname> Schmitz </Nachname>
    </Name>
    <Ort>
      <PLZ> 52066 </PLZ>
      <Stadt> Aachen </Stadt>
    </Ort>
  </Halter>
  <Auto>
    <Typ> VW Golf </Typ>
    <Schaden> Bremsen defekt </Schaden>
    <Ort> vorne links </Ort>
  </Auto>
</Autoreparatur>
```

**Dokument 26: Mehrdeutige Namen**

In diesem XML-Dokument gibt es zwei Elemente des Typs <Ort>: Als Kind-Element von <Halter> gibt es den Wohnort einer Person an, als Kind-Element von <Auto> gibt es den Ort eines Schadens an. Außerdem werden diese Elemente je nach ihrer Bedeutung unterschiedlich formuliert. Im Inhalt von <Halter> hat das Element <Ort> Kind-Elemente, im Inhalt von <Auto> enthält es unmittelbar Text.

Wir haben es also der Idee nach mit zwei Namensräumen zu tun, nämlich der Begrifflichkeit von Anschriften und der Begrifflichkeit von Schadensbeschreibungen. Technisch sind die Namensräume aber noch nicht deklariert.

In XML werden die Namensräume durch eindeutige Namen identifiziert, die mit der elektronischen Adresse der Grammatik verbunden werden.

```
<Autoreparatur xmlns:pers="Kundenkartei.xsd"
               xmlns:kfz="Auftrag.xsd">
  <Halter>
    <pers:Name>
      <pers:Vorname> Peter </pers:Vorname>
      <pers:Nachname> Schmitz </pers:Nachname>
    </pers:Name>
    <pers:Ort>
      <pers:PLZ> 52066 </pers:PLZ>
      <pers:Stadt> Aachen </pers:Stadt>
    </pers:Ort>
  </Halter>
  <Auto>
    <kfz:Typ> VW Golf </kfz:Typ>
    <kfz:Schaden> Bremsen defekt </kfz:Schaden>
    <kfz:Ort> vorne links </kfz:Ort>
  </Auto>
</Autoreparatur>
```
**Dokument 27: Einführung der Namensräume**

Die Elemente im Inhalt von <Halter> gehören zum Namensraum mit dem Namen „pers".
Dadurch sind sie als Elemente erkennbar, die Informationen über Personen beschreiben,
während die Elemente im Inhalt von <Auto> zum Namensraum mit dem Namen „kfz"
gehören und Informationen über Kraftfahrzeuge beschreiben. Die vollständigen Namen der
Elemente, die die Orte von Kunden oder von Autos beschreiben, sind jetzt unterschiedlich.

Im Start-Tag des Wurzel-Elementes <Autoreparatur> werden die beiden Namensräume
deklariert: Der erste Namensraum bekommt den willkürlich gewählten, aber eindeutigen
Namen „pers" und ist an die Dateiadresse Kundenkartei.xsd gebunden. Der zweite
Namensraum hat den Namen „kfz" und ist an die Dateiadresse Auftrag.xsd gebunden. Die
Inhalte der angegebenen Dateien sind Grammatiken in der Sprache XML-Schema, was an
ihren Namenserweiterungen .xsd zu erkennen ist.

```
<Autoreparatur xmlns:pers="Kundenkartei.xsd"
               xmlns:kfz="Auftrag.xsd">
...
```

Eine Namensraum-Deklaration muß im Start- oder Leer-Tag eines Elementes stehen. Der
Namensraum kann dann für dieses Element und alle Elemente in seinem Inhalt verwandt
werden, aber nicht außerhalb. Die Namensraum-Deklaration beginnt mit „xmlns" (Abkürzung
für XML-Namespace); dadurch ist sie von einem Attribut unterscheidbar. Hinter einem
Doppelpunkt als Trennzeichen kommt der Name des Namensraums. Ihm wird die Adresse
(Pfad oder Webadresse) der Grammatik als Wert zugewiesen.

Elemente, die einem Namensraum zugeordnet werden, erhalten nun den Namen des
Namensraums als Präfix, der vom lokalen Namen des Elementes durch einen Doppelpunkt
getrennt wird.

```
. . .
     <pers:Ort>
         <pers:PLZ> 52066 </pers:PLZ>
         <pers:Stadt> Aachen </pers:Stadt>
     </pers:Ort>
. . .
```

Durch diese Zuordnung kann nun ein validierender, d.h. auf Gültigkeit prüfender, Prozessor, die Grammatik erreichen und zur Prüfung der Dokumentteile heranziehen.

Der vollständige Name, der aus dem Namensraum-Präfix und dem lokalen Namen besteht, wird auch qualifizierender Name genannt[21], weil er nun die Bedeutung des eingeschlossenen Dokumentteils auch übergreifend qualifiziert, also einem von mehreren zur Verfügung stehender Regelwerken zuordnet.

## 5.3    Beispiele für angewandte Namensraum-Technik

Die Stylesheetsprache XSLT ist auf Grundlage der XML-Syntax formuliert und bezieht ihre Grammatik als Namensraum:

```
<?xml version="1.0" encoding="ISO-8859-1"?>

<xsl:stylesheet version="1.0"
          xmlns:xsl="http://www.w3.org/1999/XSL/Transform">
   <xsl:template match='/'>
      <xsl:for-each select="Autoreparatur/Halter">
         <div> <xsl:value-of select="*" /> </div>
      </xsl:for-each>
   </xsl:template>
</xsl:stylesheet>
```
**Dokument 28: XSLT – Namensraum**

Die Adresse oder URL der XSLT-Grammatik ist vorgegeben. Der Namensraum erhält hier den Namen *xsl*. Man sieht sofort, daß Elemente wie <stylesheet> oder <template> zum Wortschatz von XSLT gehören, da sie diesen Namen als Präfix haben. Das Element <div> (für *division*, Abschnitt) hingegen gehört nicht zum XSLT-Namensraum.[22]

---

[21] Vgl. w3c: Namespaces in XML, Abschnitt 3, Def. [6].
[22] Es gehört zum XHTML-Namensraum, der in XSLT defaultmäßig gilt.

Auch die mächtige Grammatiksprache XML-Schema arbeitet mit Namensräumen. Dokument 29 zeigt Ausschnitte aus einem Schema:

```
<xsd:schema
    xmlns:xsd="http://www.w3.org/2000/10/XMLSchema"
    targetNamespace="http://www.firma.de/Schema"
    xmlns:dok="http://www.firma.de/Schema">
...
    <xsd:element name="Datum" type="xsd:date"/>
...
</xsd:schema>
```

**Dokument 29: XML-Schema - Namensraum**

Der Namensraum der Sprache XML-Schema wird hier unter dem Namen „xsd" (= XML-Schema-Dokument) deklariert. Alle Elemente wie <element> (definiert XML-Elemente) und auch einige Attributwerte (date), welche vordefinierte Datentypen angeben, gehören zu diesem Namensraum.

Außerdem wird die mit diesem Schema formulierte Grammatik als Namensraum unter der imaginären Adresse „http://www.firma.de/Schema" eingeführt. Diese Adresse müssen XML-Dokumente in der Namensraum-Deklaration angeben, wenn sie diese Grammatik benutzen sollen. Er ist also ihr Ziel-Namensraum (*target namespace*) und erhält mit „dok" einen Namen, der in den zugehörigen XML-Dokumenten als Präfix verwandt wird, z.B. <dok:Datum>.

# 6 Anhang

## 6.1 Checkliste Wohlgeformtheit

| Anforderung | i.O. |
|---|---|
| **Dokument** | |
| Hat das Dokument genau ein Wurzelelement? | |
| Beginnt das Dokument mit einer XML-Deklaration? *(nicht zwingend erforderlich, aber dringend empfohlen)* | |
| Enthält das Dokument nur Zeichen, die zum angemeldeten Zeichensatz (Grundeinstellung: UTF-8) passen? | |
| | |
| **Elemente** | |
| Ist jeder Elementname ein Name nach XML-Regeln? | |
| Besteht jedes Element immer aus einem Start- und einem End-Tag oder ersatzweise nur aus einem Leer-Tag? | |
| Ist der Name jedes Elementes in Start- und End-Tag genau gleich geschrieben? | |
| Sind alle Elemente korrekt verschachtelt (keine Überlappung)? | |
| Hat kein Element mehrere gleichnamige Attribute? | |
| **Attribute** | |
| Befinden sich alle Attribute in Start- oder Leertags von Elementen? | |
| Ist jeder Attributname ein Name nach XML-Regeln? | |
| Hat jedes Attribut einem Wert, der ihm in einer Gleichung zugewiesen wird und in einfachen oder doppelten Anführungszeichen steht? | |
| Bestehen alle Attributwerte aus Zeichendaten nach XML-Regeln? | |
| **Texte** | |
| Stehen alle Texte im Inhalt von Elementen? | |
| wenn kein CDATA-Abschnitt: Besteht der Text nur aus Zeichendaten nach XML-Regeln? | |
| wenn CDATA-Abschnitt: Wird jeder CDATA-Abschnitt von den Zeichenketten „<![CDATA[" und „]]>" eingeschlossen? | |
| Enthält kein CDATA-Abschnitt die Zeichenkette „]]>" in seinem Inhalt? | |
| **Kommentare** | |
| Wird jeder Kommentar von den Zeichenketten „<!--" und „-->" eingeschlossen? | |
| Enthält kein Kommentar die Zeichenkette „--" in seinem Inhalt? | |
| **Verarbeitungsanweisungen (VA)** | |
| Wird jede VA von den Zeichenketten „<?" und „?>" eingeschlossen? | |
| Beginnt jede VA mit einem Zielnamen, der eine Name nach XML-Regeln ist? | |
| Stehen hinter dem Zielnamen Anweisungen, die nur aus Zeichendaten nach XML-Regeln bestehen? | |
| Enthält keine VA die Zeichenkette „?>" in seinem Inhalt? | |

## 6.2   Zeichensätze

XML kann grundsätzlich mit den folgenden Zeichensätzen zusammenarbeiten. Dabei sind System- und Browsereinstellungen zu beachten.

| Kodierung | Berücksichtigte Länder und Sprachen |
|-----------|-------------------------------------|
| ISO-8859-1 | Westeuropa, Lateinamerika (Latin-1), u.a. **Deutsch** |
| ISO-8859-2 | Osteuropa (Latin-2) |
| ISO-8859-3 | Südeuropa, Resteuropa (Latin-3) |
| ISO-8859-4 | Skandinavien, Baltikum (Latin-4) |
| ISO-8859-5 | Kyrillisch |
| ISO-8859-6 | Arabisch |
| ISO-8859-7 | Griechisch |
| ISO-8859-8 | Hebräisch |
| ISO-8859-9 | Türkisch |
| ISO-8859-10 | Lappland, Eskimo |
| UTF-8 | Englisch – einfach *(Standardzeichensatz)* |
| UTF-16 | Englisch - erweitert |

Tabelle 3: Zeichensätze in XML

**Anmerkungen:** Ohne XML-Deklaration wird standardmäßig der einfache Zeichensatz UTF-8 benutzt.

## 6.3   Namenserweiterungen für Dateien

Damit die jeweilige Applikation jedes Dokument in seiner Sprache erkennt, wird es als Datei mit einer für die Sprache spezifischen Namenserweiterung gespeichert. Hier folgt eine Übersicht für die wichtigsten Internetsprachen.

| Sprache | Namenserweiterung |
|---------|-------------------|
| **XML-Familie** | |
| XML | .xml |
| XML-Schema | .xsd |
| DTD | .dtd |
| XSLT, XSL-FO | .xsl |
| XHTML | .xhtml |
| **Weitere Internetsprachen** | |
| HTML | .html *oder* .htm |
| WML | .wml |
| CSS | .css |
| JavaScript | .js |

Tabelle 4: Namenserweiterungen Web-Sprachen

## 6.4 Abbildungsverzeichnis

## 6.5 Offizielle Quellen

### 6.5.1 Zitierte Quellen

1. w3c, Extensible Markup Language (XML) 1.0 (Third Edition),
URL: http://www.w3.org/TR/2004/REC-xml-20040204; Stand: 20.03.2004.

2. w3c, Extensible Markup Language (XML) 1.0 (Zweite Auflage), Deutsche Übersetzung,
URL: http://www.edition-w3c.de/TR/2000/REC-xml-20001006; Stand: 20.03.2004.

3. w3c, Namespaces in XML, URL: http://www.w3.org/TR/1999/REC-xml-names-19990114;
Stand: 20.03.2004.

### 6.5.2 Weitere Links

Website des w3c
http://www.w3.org

Deutsch-Österreichisches Büro des w3c
http://www.w3.org/Consortium/Offices/Germany

Übersichtsseite zu Spezifikation XML (und DTD), auch Links zu deutschen Übersetzungen
http://www.w3.org/XML

Namensräume in XML (Deutsche Übersetzung)
http://www.schumacher-netz.de/TR/1999/REC-xml-names-19990114-de.html